José Rizal

Antología

Barcelona **2024**
Linkgua-ediciones.com

Créditos

Título original: Antología.

© 2024, Red ediciones S.L.

e-mail: info@linkgua.com

Diseño de cubierta: Michel Mallard.

ISBN rústica: 978-84-9816-748-1.
ISBN ebook: 978-84-9897-011-1.

Sumario

Brevísima presentación

La vida

José Protacio Rizal Mercado y Alonso Realonda (19 de junio de 1861, Calamba-30 de diciembre de 1896, Manila), fue patriota, médico y hombre de letras inspirador del nacionalismo de su país.

Rizal era hijo de un próspero propietario de plantaciones azucareras de origen chino. Su madre, Teodora Alonso, fue una de las mujeres más cultas de su época.

La formación de José Rizal transcurrió en el Ateneo de Manila, la Universidad de Santo Tomás de Manila y la de Madrid, donde estudió medicina.

Más tarde estudió en París y Heidelberg.

Noli me Tangere, su primera novela, fue publicada en 1886, seguida de El Filibusterismo, en 1891. Por entonces editó en Barcelona el periódico La Solidaridad en el que postuló sus tesis políticas.

Pese a las advertencias de sus amigos, Rizal decidió regresar a su país en 1892. Allí encabezó un movimiento de cambio no violento de la sociedad que fue llamado «La Liga Filipina». Deportado a una isla al sur de Filipinas, fue acusado de sedición en 1896 y ejecutado en público en Manila.

Esta Antología de José Rizal comprende las dos obras de teatro que escribió y una selección de sus mejores poemas.

La obra dramática de Rizal se limita a dos obras teatrales, cada una de un acto de más o menos treinta minutos. Fueron escritas cuando el autor tenía diecinueve años y estudiaba en la Universidad de Santo Tomás.

Junto al Pásig expresa las profecías de Rizal acerca de una Filipinas esclava de los poderes imperialistas. Está escrita en el tradicional romance de octosílabos, propio del Siglo de Oro.

El consejo de los dioses refleja las convicciones de Rizal sobre el hispanismo. Escrita en abril de 1880, ganó el primer premio en el concurso patrocinado por el Liceo Artístico de Manila. El texto tiene sus raíces en la educación clásica recibida por Rizal de los jesuitas del antiguo Ateneo Municipal; mezcla personajes de la mitología griega junto a Cervantes como tema de polémica de los dioses; expresa el amor de Rizal hacia la Hispanidad, y muestra al hispanismo como solución a la ingerencia de fuerzas foráneas.

Mientras que la obra poética de Rizal tiene un marcado interés en el mejoramiento humano y en la reflexión política.

Junto al Pásig. Melodrama en un acto y en verso

Letra del doctor José Rizal

Representada por primera vez el 8 de diciembre de 1880, a las seis de la tarde, con música de don BLAS ECHEGOYEN, en el Salón de Actos del Ateneo Municipal, de Manila, por los alumnos de la Academia de Literatura Castellana de dicho centro docente, de la que era Presidente el egregio de Apóstol de las libertades filipinas.

Representada por segunda vez, con música de MANUEL VÉLEZ, con motivo de la VELADA LITERARIA, LÍRICA Y MUSICAL organizada por el periódico anual ilustrado DÍA FILIPINO, que se ha celebrado el 19 de Junio de 1915, en el Grand Opera House, Avenida Rizal, Manila, en conmemoración del 54.º aniversario del nacimiento del inmortal MÁRTIR DE BAGUMBAYAN.

Editado por el DÍA FILIPINO.

1915.

Personajes

Leónido
Cándido
Pascual
Satán
Ángel
Niño I
Niño II
Niño III
Coro de niños y coro de diablos.

Acto único

(La acción se lleva a cabo a orillas del río Pásig, en el pueblo de este nombre; la decoración representa el río, y la orilla opuesta a la en que están los personajes. Verán la iglesia, casas, cañaverales y multitud de banderas y adornos propios de los pueblos del Archipiélago. Es la hora del alba y, de consiguiente, el tono del conjunto ha de ser suavemente reproducido.)

Escena I

Cándido, Pascual y otros niños. (Uno de los cuales lleva flores, y otros con banderas y juguetes propios de la niñez.)

Coro   Rosas, claveles, Pásig ameno, Luce con galas mil; Divina aurora, Su hermoso cielo Viste de luz gentil; Sus ojos son divinos, Su frente el rosicler. Sus labios purpurinos El pecho hacen arder: En ti, dulce hermosura. La mente segura va; En ti, rica ventura El alma feliz tendrá.

(Recitado)

Cándido   ¡Cuán hermosa es la mañana! La aurora con sus albores Va acariciando a las flores Con que el prado se engalana. ¡El Pásig! ¿Oís el murmullo De las cañas en su orilla? ¿Escucháis de la avecilla El suave y variado arrullo? Decidme: tanta belleza, Tanto adorno y galanura, Que con mágica hermosura Ostenta Naturaleza; Y esta tranquila corriente Do las bancas se deslizan, ¿No os encantan? ¿No os hechizan Con su lenguaje elocuente? ¿No os dicen que su contento Lo causa la Virgen pía, Viviendo en aqueste día Con pomposo lucimiento?

Todos   ¡Sin duda!

Pascual   Tal alborozo En el pueblo se respira; Tal es el placer que inspira, Que todos bailan de gozo. Llenas encuentro

11

doquier De vistosos aparejos Las calles; niños y viejos.
Todos salen para ver.

Niño I

Hablas, Pascual, muy de veras;
¡Y lo creo! Pues la gente
Anda colgando impaciente
Gallardetes y banderas.

Niño II

Aquí traigo un canastillo
De flores para ofrecer
A la Virgen ...

Niño I

¡Ole! ¡A ver!...
Es un regalo sencillo...

(Lo mira con desprecio.)

Yo tengo una jaula en casa
Do moran pintadas aves,
Cuyos trinos son tan suaves
Que se la daré, si pasa.

Niño III

¡Pajaritos! ¡Qué locura!
Yo tengo bombas, cohetes ...

(Con jactancia.)

Niño I

¡Quita allá! ¡Esos son juguetes
Que solo infunden pavura!...

Niño III

¡Tú tienes miedo!

Niño I

¿Yo? ¡No!

12

Pascual	Tengo una flauta de caña ...
(Todos se ríen.)	
Todos	¡Ja! ¡Ja!
Pascual	¿La cosa os extraña? ¡Pues sí! ¡La tocaré yo! Mi padre, como sabéis, Me enseñó varias sonatas, Lindas, muy lindas, muy gratas: Las tocaré; ¡ya veréis!
Niño II	¡Mejores serán mis flores!
Pascual	¡Mi flauta!
Niño I	¡Qué tontería! Es mejor la jaula mía ...
Niño III	¡Cá! Las bombas son mejores.
Niño I	¡No, señor!
Niño III	¡Que sí, señor!
Niño I	¡Vaya un tonto!
Niño III	¡Vaya un loco! Tu pobre jaula es bien poco.
Niño I	Tus bombas son lo peor.
Cándido	¡Ea, amigos! No riñáis:

Es cada ofrenda preciosa;
Pero suplico una cosa,
Y es ... que obedientes me oigáis:
Una banca adornaremos
Con el más bello atavío;
Dentro de ella, aqueste río
Mansamente surcaremos;
Banderas y gallardetes
Pondremos de mil colores;
Llevarás todas tus flores;
Tú, la jaula; tú, cohetes;
Este, con flauta sonora
Irá entretanto tocando:
Así vamos navegando ...
Hasta hallar a la Señora.
¿Qué os parece?

Todos	¡Bien, muy bien!
Niño III	¡Es idea singular!
Niño I	¡Vamos la banca a buscar!
Cándido (Se dispone a salir.)	¡Eso lo digo también! ¡Calla! ¿Y Leónido? ¿Do está?
Pascual	¡Ah! ¡Verdad! ¿Adónde fue?
Niño II	¿Dónde ha ido?
Niño III	No lo sé.
Cándido	Pues bien, se le buscará: Nuestra banca dejaremos

	Para después: es igual:
	Nos falta lo principal,
	Pues al jefe no tenemos.
Niño I	Busquémosle.
Cándido	¡Ahora mismo!
	¡Sin él nada se podrá
	Hacer!...
Niño III	¡Se registrará
	Hasta el fondo del abismo!
Coro	Marchemos, marchemos,
	Marchemos sin tardanza:
	¡Felice nuestra holganza!
	¡María colmará!

Escena II

Sale Satán vestido de negro y rojo; su color es pálido.

Satán	¿Será verdad? ¿Será cierto
	Que el pueblo que me adoraba,
	Ahora de arribar acaba
	De la salvación al puerto?
	Si navegante inexperto
	En el borrascoso mar
	Del vivir, ¿qué singular
	Fuerza le ampara y escuda
	Que consigue con su ayuda
	Mis escollos evitar?
	¿Quién de la mansión sombría
	Do se hallaba sepultado,

15

Poderoso le ha sacado
A la clara luz del día?
¡Ay! Para desgracia mía
Fuiste sin duda, ¡oh Mujer!
Quien tuvo tanto poder
¡De quitarme mi morada!
¡Criatura privilegiada!
¿Cuándo te podré vencer?
¡Maldición! ... El mismo Averno
Do se engendran los dolores,
Las crueles penas y horrores,
No iguala a mi tedio eterno.
¡Ay! ¿Por qué del gozo tierno
Me privó la triste suerte?
¿Por qué me negó el más fuerte
Que en mi terrible amargura
Encontrase mi ventura
En los brazos de la muerte?
¡Espíritu! ¡Ser sublime!
¡Ser mísero y desgraciado,
A padecer condenado
Por la mano que le oprime!
Si el hombre en la tierra gime
Y le molesta el vivir,
Se consuela en el sufrir
Viendo la vida tan breve,
¡Mientras el ángel no se atreve
A esperar que ha de morir!
Más ¡ay! fuerza es que, sufrido
Mi triste destino acate,
Ya que en mi sin par combate
Adversa suerte he tenido:
Empero, aunque fui vencido,
Sigo en mi senda fatal:

Él ama el bien; yo amo el mal ...
¡Soberbio! ... Que haga su gusto;
Yo, yo le estorbaré; es justo;
Que es mi enemigo mortal.
¡Comience, pues, nuestra lidia!...
Pensemos recuperar
Antes mi imperio sin par
Con la astucia o la perfidia.
¡Suelo que me das envidia!
¡Ay! ... ¡Yo te recobraré!
Oculto aquí esperaré

(Se oculta detrás de un árbol.)

A algún incauto cristiano:
¡Quiero que caiga en mi mano
La raza que tanto odié!

Escena III

(Sale Leónido.)

Leónido

La orilla está solitaria;
No se oye la gritería;
Lo extraño: ya es claro el día
Y no veo a nadie aquí.
Debieron haber llegado,
Pues así me prometieron ...
Presumo que ya salieron ...
¿Quién sabe si me perdí?
Más no: este es el sendero
Que a la población conduce;
Este es el río que luce
Su corriente sin igual ...

Allá la iglesia ... Mi casa ...
Las banderas ... ¡Ya lo creo!
¡Es el lugar del recreo
Que a mi me dijo Pascual!
Desde aquí esperaríamos
Que pase la Virgen pura ...
Más ... ¿quién a mi me asegura
Que no acaban de salir?
Lo mejor será buscarlos;
Iré hacia abajo; no ... arriba ...
Creo que la comitiva
Ya no tardará en venir.

(Se dispone a salir, y viene Satán vestido de Diwata.)

Escena IV

Leónido y Satán.

Satán	¡Detente! ¿Adónde vas?
Leónido	¿Quién sois?
Satán	¿Acaso No me conoces ya?
Leónido	No recuerdo vuestra faz, Ni me acuerdo haberos visto Alguna vez. ¡Dadme paso!
Satán	¡Nunca! Mírame bien...
Leónido	Decid, os ruego, quien sois...

Satán

Yo soy aquél que, prepotente,
Leyes da al huracán, al mar, al fuego;
Brilla en el rayo y muge en el torrente,
Yo soy aquel que con poder grandioso
Reinó en un tiempo hermoso,
Venerado y temido;
Dios absoluto de la indiana gente.

Leónido

¡Mentís! De mis mayores
El dios ya duerme en vergonzoso olvido,
Y sus torpes altares,
Do al eco de fatídicos loores
Víctimas ofrecían a millares,
Hoy yacen derribados:
De su poder en mengua,
Les lanza nuestra lengua
Desprecios a sus ritos olvidados:
Vos no sois ningún dios; mentís sin duda.
Pues solo un Dios existe verdadero:
El Dios que al hombre creó y al mundo entero,
Y a quien adora nuestra mente ruda.

Satán

¡Insensato! ¿No temes de mis iras
El poder? Niño impío,
¿No ves que es mío el aire que respiras,
El Sol, las flores y el undoso río?...
A mi voz prepotente, creadora,
De las aguas surgieron
Aquestas Islas, que alumbró la aurora,
Islas que bellas en un tiempo fueron;
Y mientras, fieles a mi culto santo,
Elevaron sus preces
En mis altares, les libré mil veces
De la muerte, del hambre y del espanto.

19

Los campos rebosaban
De fragante verdura;
Sin trabajo brotaban
De la piadosa tierra,
Entonces pura,
Las amarillas mieses;
Vagaban por el prado
El cabrito pintado,
El ciervo alígero y las gordas reses;
La diligente abeja
Su panal fabricaba mansamente,
Y al hombre regalaba miel sabrosa:
Retirada en su nido la corneja,
No auguraba doliente
Calamidad odiosa;
Gozaba entonces este rico suelo
De una edad tan dichosa,
Que en sus delicias se igualaba al cielo;
Y ahora, sin consuelo,
Triste gime en poder de gente extraña,
Y lentamente muere
¡En las impías manos de la España!
Empero, yo le libraré, si quiere
Doblegar su rodilla
Ante mi culto, que esplendente brilla.
Tan poderoso soy que ahora mismo
Te daré, si me adoras, cuanto ansías;
Más, ¡ay de ti, si ciego te desconfías!

Leónido

Si tan potente sois, si en vuestras manos
Las venturas están de los mortales,
¿Por qué han sido fatales
Para vos los cristianos?
Y si, como decís, el mar bravío

20

Y el aquilón sumisos obedecen
A vuestra voz y a vuestro poderío,
¿Por qué sus carabelas delicadas,
Que ahora os escarnecen,
No fueron anegadas
Y bajo las olas sepultadas?
¿Por qué vuestras estrellas
En noche tenebroso les guiaron,
Y los vientos sus velas empujaron
Y no les lanzasteis vuestras centellas?
¿Sois por eso tal vez omnipotente?
Y para mayor desdicha, todavía,
El nombre de María,
Nombre que encanta a la infelice mente,
Cual arrogante insulto,
¡Vino a destruir las huellas de tu culto!

Satán   ¡Las huellas de mi culto! ¡Desdichado!
¿No sabes que conservo
Un pueblo que me adora prosternado?
¡Ay! ... Vendrán en lo futuro
Los males que reservo
A tu raza, que aclama un culto impuro:
¡Tristes calamidades,
Pestes, guerras y crueles invasiones
De diversas naciones
En venideras próximas edades!
Tu pueblo regará con sangre y llanto
Del patrio campo la sedienta arena;
Ya en la pradera amena
El ave a quien hirió metal ardiente.
Ni tus bosques añosos,
Ni los ríos, ni el valle, ni la fuente
Serán ya respetados

De los hombres odiosos
Que turbaron la paz y tu bonanza;
Mientras yo, por venganza,
Desataré los indomables vientos
Para que en su carrera,
Con ira y rabia fiera,
Alboroten los varios elementos,
Y la débil piragua,
Hundiéndose en el agua,
Aumente sus horribles sufrimientos.
Devastaré en mi saña
Los verdes campos de la míes ópima,
Y desde la alta cima
De la erguida montaña
Arrojaré de lavas río ardiente,
Que envuelto en humo y devorante llama
Asole poblaciones
Cual furioso torrente
Que, cuando se desparrama,
Arranca los arbustos a montones;
Y la tierra aterida,
A mi voz conmovida
Temblará con atroz sacudimiento,
Y a cada movimiento
El rico suelo amargará, y la vida.
¡Ay! ¡ay! ¡Cuánto quebranto!
¡Cuánto gemir inútil! ¡cuánto llanto
Oiré entonces sin que sienta el pecho
El duelo de la gente,
Que con gozo insolente
Reír los miro con mortal despecho!

Leónido   ¡Mentira! ¡Nada puedes! ¡Te conjuro,
                 En nombre del Señor que el alma adora,

22

Ángel, o genio impuro.
Que seducirme quieres,
¡Aparta el antifaz que desfigura
Tu primitiva e infernal figura!

Satán   ¡Pues, bien! ¡Héme ya aquí!
                               Y advierte y nota
                               Que soy Satán, el ángel que esplendente
(En traje de diablo.)   Se sentaba en un trono
                               En época remota;
                               Rayos de luz lanzando de su frente.
                               Yo soy aquel que con feroz encono
                               Luché contra el tirano;
                               Después, vencido en mi fatal derrota
                               Arrastré a vuestros padres a la muerte;
                               Más hoy, si del cristiano
                               La fe divina me venció en mi furia
                               De tan mortal injuria
                               Me vengaré, y de ti; yo soy el fuerte;
                               Y si no quieres que mueras,
                               ¡Ríndete a mis pies!

Leónido   ¡Oh! ¡Nunca!

Satán   ¿Ves mi poder y mi fuerza?
                               Los espíritus potentes
                               Que en el universo reinan,
                               Obedecen a mi voz:
                               Sigue mi ínclita bandera;
                               Óyeme, pues: si humildoso
                               Abjuras tu nueva secta,
                               Y arrepentido a mis aras
                               Con grato fervor te llegas,
                               Yo te haré feliz, dichoso,

Tendrás cuanto apetezcas;
El río que a tus pies corre.
Que arrastra diamantes, perlas;
El ambiente que respiras
Do mil pajaritos vuelan;
Esas plantas, esas flores,
Esas casas, y esas huertas,
Tuyas serán, si al instante
De tu nueva fe reniegas;
Si el nombre ingrato aborreces
De aquella cuya es la fiesta.
Más, ¡ay de ti! si obstinado
Desobedecerme anhelas,
Pues a tus pies ahora mismo
Se abrirá la inmunda tierra,
Sepultándote en su seno,
Cual se sepulta en la arena
La pequeña gota de agua
Cuando el Sol las plantas seca.

Leónido

En vano infundir me quieres
Torpe miedo con tu lengua;
En vano, en vano pretendes
Que yo a tu fe me someta;
Jamás al niño cristiano
El demonio amedrenta,
Y ante el Hijo de María
El Averno eterno tiembla,
¡Espíritu mentiroso!
Ve, huye, ve a las tinieblas,
A la mansión del gemido.
¡Y de la eterna vergüenza!...

Satán

¡Pues, bien! Ya que lo has querido,

24

Es necesario que mueras:
Tú serás la postrer víctima
Que ante mis aras se quema:
Tú pagarás por los tuyos,
En ti me vengaré mis afrentas.
¡Espíritus! Mis fieles compañeros
Que encontráis en el mal grata dulzura,
Que con cruel amargura
Os nutre el odio que vuestra alma encierra,
¡Venid, alegres, a empezar la guerra!

Escena V

Salen diablos en tropel.

Coro de diablos   ¿Quién nos llama
Con furor?
¿Quién reclama
Nuestro ardor?
¡Viva el mundo
Infernal,
Cuya dicha
Es el mal!
¡Muera, muera
El traidor,
Del Averno
Ofensor!

Satán   Venid contentos,
Oíd atentos;
La voce mía
Os llama ya;
Que en este día
Nuestra esperanza

	Dulce venganza Hoy colmará.
Coro de diablos	Ama el diablo A su rey; Sus mandatos Son su ley; Obedientes Seguirán; Por ti, todos Lucharán.
Satán	Cese el insulto; Niño ínfelice, Lleno de afán; Ven y bendice Mi imagen pura, Pues la ventura Te reirá.
Leónido	Te detesto Vil traidor, A Dios solo Rindo amor Mientras viva, Seré fiel; Morir quiero Yo por Él.
Coro de diablos	¡Viva! ¡viva Nuestro Rey! ¡Muera, muera Quien su Ley No venera

Con ardor
De la vida
Con horror!

Escena VI

Dichos y un Ángel.

Ángel	¡Atrás, ángeles malditos
	De la cólera del Cielo!
	¡Volved el rápido vuelo
	A la mansión del dolor!
	¡Huid, si del vivo rayo
	Teméis el fúnebre brillo,
	¡Huye, o arcángel traidor!
(Huyen los diablos.)	Y tú, niño fiel, despierta.
(Se despierta.)	Ven aquí; soy el enviado
	Del Cielo que te ha librado
	Del pérfido Satanás:
	Ya la Virgen de Antipolo
	Las aguas, surca del río;
	Salúdala en canto pío,
	Pues siempre su hijo serás.
	Ella te libró piadosa,
	De las garras del Averno;
	Sé de Ella el hijo más tierno,
	Pues trae la dicha en pos...
	Ya tus compañeros llegan,
	Adiós, pues; volveré al Cielo.
	¡Adiós, Leónido, adiós!

(Desaparece.)

Leónido   Adiós, hermosa criatura

Que viniste a socorrerme,
Guarda que vela, si duerme
El niño el sueño infantil.

Escena última

(Leónido y los Niños. La Virgen pasa el río momentos antes de concluir el recitado.)

Cándido

¡Ah! ¡Leónido! Te buscamos;
He aquí la Virgen María:
¿Sientes la dulce armonía
Que se oye entre cantos mil?

Leónido

¡Oh, si, amigo! La percibo;
La miro también venir ...
¡Oh! ¡qué secreta alegría
Yo siento dentro de mí!
Unamos nuestros acentos
En este día feliz.
Saludemos a la Virgen ...
¿Qué decís, amigos?

Todos

Sí.

(Aparece la Virgen con luz de magnesio o eléctrica.)

Coro FINAL.

¡Salve Rosa pura

Reina de la mar!
¡Salve! Blanca Estrella,
Fiel Iris de Paz ...
Antipolo,
Por ti solo

Fama y renombre tendrá.
De los males,
Los mortales
Tu imagen nos librará;
Tu cariño,
Al fiel niño
Le guarda siempre del mal;
Noche y día,
Tu le guías
En la senda terrenal.

Fin

Nota

LA OCEANÍA ESPAÑOLA, dirigida por el ilustre español don JOSÉ FELIPE DEL PAN, en su número del 10 de diciembre de 1880, dijo, al hacer la descripción de esta fiesta:

«JUNTO AL PÁSIG, es casi un auto sacramental, de argumento fantástico, no real, versificado con suma fluidez y facilidad con algunas situaciones de mucho efecto y bordado con preciosos coros debidos al conocido profesor don BLAS ECHEGOYEN.

«Felicitamos al joven autor del libreto don JOSÉ RIZAL. Su obra es muy bella en el detalle; el monólogo de Satán, por sí solo, vale todos los aplausos que mereció del público toda la obra. Aunque no del gusto teatral de nuestro tiempo ese género calderoniano, sienta bien, o es lo mejor que puede presentarse en escena con ocasión semejante a la de anteanoche.»

El Consejo de los dioses
Con el recuerdo del pasado entro en el porvenir.

ALEGORÍA ARREGLADA EN FORMA TEATRAL
Por Lope Blas Hucapte

Juicio crítico

En el Certamen literario para conmemorar el CCLXIV aniversario del inmortal Cervantes que celebró el Liceo Artístico Literario de Manila el 23 de abril de 1880, se concedió como premio a la mejor de las composiciones en prosa, una sortija con un camafeo que lleva el busto de Cervantes.

Al referirse al resultado obtenido en el certamen abierto para este aniversario y después de señalar que se habían presentado 14 pliegos, de los cuales fueron rechazados todos menos los que llevaban los números 1 y 12, dice el Jurado: «Leídos ambos trabajos, los que suscriben no han vacilado en la adjudicación del premio, atendida la superioridad de la alegoría marcada con el número 12», y después de hacer un extracto del trabajo el Consejo de los dioses, cuyo lema era «Con el recuerdo del pasado entro en el porvenir», se expresa así: «Como se ve, la idea y el argumento de la obrita son de gran originalidad, a lo que debe añadirse la circunstancia de brillar en toda ella un estilo correcto hasta lo sumo, una admirable riqueza de detalles, delicadeza de pensamientos y figuras y, por fin, un sabor tan helénico que figura el lector encontrarse saboreando algún delicioso pasaje de Homero, que con tanta frecuencia nos describe en sus obras las Olímpicas sesiones. Tantas y tan preciadas cualidades han pesado en el ánimo de los que suscriben para, sin discusión, ni vacilación siquiera, preferir este trabajo al marcado con el número 1.»[1]

---

1   Vide: Revista del Liceo Artístico-Literario de Manila de 23 de abril de 1880 pág. 41, pudiendo leerse íntegra esta obra de nuestro Héroe, en la pág. 43.

Acto único

Júpiter sentado en el trono de oro y piedras preciosas y llevando en la mano el cetro de ciprés, tiene a sus pies al águila, cuyo plumaje de acero refleja mil diversos colores: los rayos, sus terribles armas yacen en el suelo. A su derecha está su esposa, la celosa Juno, con refulgente diadema, y el vanidoso pavo real. A su izquierda la sabia Palas (Minerva), hija y consejera, adornada de su casco y terrible égida, ciñendo el verde olivo y sosteniendo gallardamente su pesada lanza. Formando severo contraste está Saturno, acurrucado y mirando desde lejos tan hermoso grupo. En gracioso desorden hállanse la hermosa Venus, recostada en un lecho de rosas, coronada de oloroso mirto, y acariciando al Amor; el divino Apolo, que pulsa blandamente su lira de oro y nácar y jugando con las ocho Musas,[2] mientras que Marte, Belona, Alcides y Momo cierran aquel círculo escogido. Detrás de Júpiter y de Juno se hallan Hebe y Ganímedes.

Hacia el lado derecho de Júpiter se halla la Justicia, sentada en su trono, teniendo en las manos sus atributos.

Escena I

Los DIOSES y las DIOSAS y las ocho Musas mencionados. Llegan la musa Terpsícore[3] primeramente, y después las Ninfas, las Náyades y las Ondinas bailando y esparciendo flores al son de las liras de Apolo y de Erato y de la flauta de Euterpe. Después de la danza todos se colocan a ambos lados del escenario.

Escena II

---

2   Las Musas eran nueve hermanas hijas de Júpiter y de Mnemosina, diosa de la memoria. He aquí los nombres de las ocho que aquí se citan: Calíope, musa de la poesía heroica; Melpómene, musa de la tragedia; Talía, musa de la comedia; Polimnia, musa de la retórica; Erato, musa de la poesía lírica; Euterpe, musa del canto y de la música, Urania, musa de la astronomía, y Clío, musa de la historia.

3   Terpsícore, musa de la danza y es la última de las nueve hermanas.

(Dichos y Mercurio.)

(Llega Mercurio y quitándose de la cabeza el gorro frigio habla:)

Mercurio

He cumplido ya tus mandatos, soberano Padre; Neptuno y su corte no pueden venir, pues temen perder el imperio de los mares, a causa del actual arrojo de los hombres; Vulcano aún no ha terminado los rayos que le encargaste para armar al Olimpo y los está concluyendo; en cuanto a Plutón ...

Júpiter

(Interrumpiendo a Mercurio.)
¡Basta! Tampoco los necesito. Hebe, y tú, Ganímedes, repartid el néctar para que beban los inmortales.
(Mientras Hebe y Ganímedes llenan su cometido, llegan Baco y Sileno, éste a pié y aquél montado en una burra con el tirso en la mano y verdes pámpanos en las sienes, cantando:)

«El que vivir desea
Y divertirse,
Abandone a Minerva:
Mis viñas cuide ...»

Minerva

(En alta voz.)
¡Silencio! ¿No ves que el poderoso Júpiter ha de hablar?

Sileno

¿Y qué? ¿Se ha enfadado el vencedor de los Titanes? Los Dioses toman el néctar: por consiguiente, puede cualquiera expresar su alegría de la manera como le plazca; pero ya veo que mi discípulo te ha ofendido y tomas por pretexto ...

Momo	(Con voz socarrona.)
	Defiéndele, Sileno, porque no digan que tus discípulos son unos impertinentes.
Minerva	(Trata de replicar, pero Júpiter la contiene con un gesto. Entonces manifiesta Minerva su desprecio con una sonrisa tan desdeñosa que altera la delicada severidad de sus hermosos labios.)

(Después de tomar todos los Dioses, de la inmortal bebida, comienza a hablar.)

Júpiter	Hubo un tiempo, excelsos dioses, en que los soberbios hijos de la tierra pretendieron escalar el Olimpo y arrebatarme el imperio, acumulando montes sobre montes, y lo hubieran conseguido, sin duda alguna, si vuestros brazos y mis terribles rayos no los hubieran precipitado al Tártaro, sepultando a los otros en las entrañas de la ardiente Etna. Tan fausto acontecimiento deseo celebrar con la pompa de los inmortales, hoy que la Tierra, siguiendo su eterna carrera, ha vuelto a ocupar el mismo punto en su órbita, donde giraba entonces. Así, que yo, el Soberano de los dioses, quiero que comience la fiesta con un certamen literario. Tengo una soberbia trompa guerrera, una lira y una corona de laurel esmeradamente fabricadas: la trompa es de un metal, que solo Vulcano conoce, más precioso que el oro y la plata; la lira, como la de Apolo, es de oro y nácar, labrada también por el mismo Vulcano, pero sus cuerdas, obra de las Musas, no conocen rivales, y la corona, tejida por las Gracias, del mejor laurel que crece en mis jardines inmortales, brilla más que todas las de los reyes de la Tierra. Las tres valen igualmente, y el que haya cultivado mejor las letras y las virtudes, ese será el dueño de tan magníficas alhajas.

Presentadme, pues, vosotros el mortal que juzguéis digno de merecerlas.

Juno	(Se levanta en actitud arrogante y altiva.)

Júpiter, permíteme que hable la primera, como tu esposa y madre de los dioses más poderosos. Ninguno mejor que yo podrá presentarte el mortal más perfecto que el divino Homero. Y a la verdad, ¿quién osará disputarle la supremacía, así como ninguna obra puede competir con su Ilíada, valiente y atrevida, y su reflexiva y prudente Odisea? ¿Quién, como él, ha cantado tu grandeza y la de los demás dioses, tan magníficamente como si nos hubiera sorprendido en el Olimpo mismo y asistido a nuestras asambleas? ¿Quién contribuyó más a que el odoro incienso de la Arabia se quemase abundantemente ante nuestras imágenes y se nos ofreciesen pingües hecatombes, cuyo sabroso humo, subiendo en caprichosos espirales, nos era tan grato que aplacaba nuestras iras? ¿Quién, como él, refirió las batallas más sublimes en más hermosos versos? Él cantó a la divinidad, al saber, a la virtud, el valor, al heroísmo y a la desgracia, recorriendo todos los tonos de su lira. Sea él el premiado; pues creo, como cree el Olimpo entero, que ninguno se ha hecho más acreedor a nuestras simpatías.

Venus

Perdona, hermana y esposa del grandioso JOVE, si no soy de tu respetable opinión. Y tú, Júpiter, visible tan solo para los inmortales, sé propicio a mis súplicas. Ruégote no permitas que al cantor de mi hijo Eneas le venza Homero. Acuérdate de la lira de Virgilio, que cantó nuestras glorias y moduló las quejas del amor desgraciado; sus dulcísimos y melancólicos versos conmueven el alma: él alabó la piedad, encarnada en el hijo de Anchises: sus combates no son menos bellos que los que se efectuaron a los pies de los muros troyanos; Eneas es más grande y piadoso que el iracundo Aquiles: en fin, en mi sentir, Virgilio es muy superior al poeta de Chío. ¿No es verdad que él llena todas las cualidades que tu sagrada mente ha concebido?

(Dicho esto se acomoda graciosamente en su lecho, cual la graciosa Ondina que, medio reclinada en blanca espuma de las azules olas, forma la joya más preciosa de un hermoso y poético lago.)

Juno

(Airada.)

¡Cómo! ¡Cómo el poeta romano ha de ser preferido al griego! ¿Virgilio, imitador tan solo, ha de ser mejor que Homero? ¿De cuándo acá la copia ha sido mejor que el original? ¡Ah, hermosa Venus! (En tono desdeñoso.) Veo que estás equivocada, y no lo extraño; porque no tratándose de amores no estás en tu juicio; además, el corazón y las pasiones jamás supieron discurrir. Deja el asunto; te lo suplico por tus innumerables queridos...

Venus

(Interrumpiendo ruborizada.)

¡Oh, bellísima Juno, tan celosa como vengativa! a pesar de tu buena memoria, que siempre se acuerda de la manzana de oro que injustamente fue negada a tu renombrada y nunca bien ponderada hermosura, miro con disgusto que te olvides de lo groseras que nos ha hecho tu favorito Homero. Empero, si por tu parte le encuentras razonable y verídico, sea esto en buen hora, y te felicito por ello; pero por lo que a mi me toca, los dioses del Olimpo digan ...

Momo

(Interrumpiendo a Venus.)

¡Sí! Que digan que tú alabas a Virgilio, porque él se ha portado bien contigo; que Juno defiende a Homero, pues él es el cantor de las venganzas; que os hacéis mutuas caricias y atentos cumplidos. Pero, tú, Júpiter, ¿por qué no intervienes en las disputas y te estás allí, como el ignorante, que oye embobado las trilogías en las fiestas olímpicas?

Juno
(En alta voz.)
¡Esposo! ¿Por qué permites que nos insulte así este monstruo deforme y feo? Échale del Olimpo, pues su aliento infesta. Además...

Momo
¡Gloria a Juno, que nunca insulta, pues solo me llama feo y deforme!
(Los dioses se ríen.)

Juno
(Palidece, su frente se arruga, y lanza una fulminante mirada a todos, especialmente a Momo.)
¡Calle el dios de la burla! ¡Por la laguna Stygia! ... Pero dejemos eso, y hable Minerva, cuya opinión ha sido siempre la mía desde lejanos tiempos.

Momo
¡Sí! Otra como tú ilustres mequetrefes, que os halláis allá donde no debéis estar.

Minerva
(Aparenta no oírle. Levanta su casco, descubre su severa y tersa frente, mansión de la inteligencia, y con voz argentina y clara, exclama.)
Te ruego me oigas, poderoso hijo de Saturno, que conmueves el Olimpo al fruncir tu ceño terrible, y vosotros, prudentes y venerandos dioses que presidís y gobernáis a los hombres, no toméis a mal mis palabras, siempre sometidas a la voluntad del donante. Si

por acaso mis razones carecen a vuestros ojos de peso, dignaos rebatirlas y pesarlas en la balanza de la justicia. Hay en la antigua Hesperia, más allá de los Pirineos, un hombre cuya fama ha atravesado ya el espacio que separa al mundo de los mortales del Olimpo, ligera cual rápida centella. De ignorado y oscuro que era, pasó a ser juguete de la envidia y ruines pasiones, abrumado por la desgracia, triste Destino de los grandes genios. No parece otra cosa sino que el mundo, extrayendo del Tártaro todos los padecimientos y torturas, los ha acumulado sobre su infeliz persona. Más a pesar de tantos sufrimientos e injusticias no ha querido devolver a sus semejantes todo el dolor que de ellos recibiera, sino por piadoso y demasiado grande para vengarse, trató de corregirles y educarles, dando a luz su obra inmortal, el Don Quijote. Hablo, pues, de Cervantes, de ese hijo de la España, que más tarde será su orgullo, y que ahora perece en la más espantosa miseria. El Quijote, su parto grandioso, es el látigo que castiga la risa; es el néctar que encierra las virtudes de la amarga medicina; es la mano halagüeña que guía enérgica a las pasiones humanas. Si me preguntáis por los obstáculos que superó, servíos escucharme un momento, y lo sabréis. Hallábase el mundo invadido por una especie de locura, tanto más triste y frenética cuanto más extendida estaba por las imbéciles plumas de imaginaciones calenturientas, cundía por todas partes el mal gusto y gastábase inútilmente en lecturas perniciosas, cuando hé aquí que aparece esa luz brillante que disipa las tinieblas de la inteligencia; y cual suelen las tímidas aves huir al divisar al cazador o al oír el silbido de la flecha, así desaparecieron los errores, el mal gusto y las absurdas creencias, sepultándose en la noche del olvido. Y si bien es verdad que el cantor de Ilión, en sus sonoros versos, abrió el primero el templo de las musas, y celebró el heroísmo de los hombres y la sabiduría de los inmortales; que el cisne de Mantua consalzó la piedad del que libró a los dioses del incendio de su patria y renunció a las delicias de Venus, por seguir tu voluntad; tú, el más grande de los dioses todos, y que los más delicados sentimientos brotaron de su lira, y su melancólico estro transporta a la mente a otras regiones; también no es menos cierto que ni uno ni otro mejoró las costumbres de su siglo, cual hizo Cervantes. A su aparición, la Verdad volvió a ocupar su asiento, anunciando una nueva Era al mundo, entonces corrompido. Si me preguntáis por sus bellezas, a pesar de conocerlas yo, os envío a Apolo, único juez en este punto, y preguntadle si el autor del Quijote ha quemado incienso en sus inmortales aras.

Apolo   Con el placer con que acoges en serena noche las quejas de Filomena, así serán gratas para ti mis razones, padre mío. Las nueve Hermanas y yo leímos en los jardines del Parnaso ese libro de que habla la sabia Minerva. Su estilo festivo y su acento agradable suenan a mis oídos cual la sonora fuente que brota en la entrada de mi gruta umbría. (Os ruego no me tachéis de apasionado porque Cervantes me haya dedicado muchas de sus bellas páginas.) Si en la extremada pobreza, engendradora del hambre, la miseria y las desgracias, que al infeliz de continuo acosan, un humilde hijo mío ha sabido elevar hasta mi sus cantos y armonizar sus acentos, al ofrecerme un tributo mucho más bello y precioso que mi carro reluciente e indómitos caballos; si en la hedionda mazmorra, funesto encierro para mi alma que a volar aspira, su bien cortada pluma supo verter raudales de deslumbradora poesía, mucho más agradables y ricas que las linfas del dorado Pactolo,

¿por qué le hemos de negar la superioridad y no darle la victoria cuál a ingenio el más grande que los mundos vieron? Su Quijote es el libro predilecto de las Musas, y mientras festivo consuela a tristes y melancólicos, e ilustra al ignorante, es al mismo tiempo una historia, la historia más fiel de las costumbres españolas.

Opino, pues, con la sabia Palas, y me perdonen los otros dioses que de mi parecer no participan.

Juno	Si su mayor mérito consiste en haber soportado tantas desgracias, pues en lo demás a ninguno aventaja, ni es que no sale vencido, diré también que Homero, ciego y miserable, imploró en un tiempo la caridad pública (lo que nunca ha hecho Cervantes), recorriendo pueblos y ciudades con su lira, única amiga, y viviendo en la más completa miseria. Esto bien lo recuerdas, ingrato Apolo.
Venus	¿Y qué? ¿Y Virgilio no ha sido también pobre? ¿No estuvo mucho tiempo manteniéndose con un pan solo, regalo de César? La melancolía que se aspira en sus obras, ¿no dice lo bastante cuánto debió haber sufrido su corazón sensible y delicado? ¿Habrá padecido menos que el brillante Homero y el festivo Cervantes?
Minerva	Sin duda, todo esto es cierto; pero vosotros no debéis ignorar que Cervantes fue herido y cautivo por muchos en el inhospitalario suelo del África, donde apuró hasta las heces el cáliz de la amargura, viviendo con la continua amenaza de la muerte.
	(Júpiter hace demostraciones de estar conforme con Minerva.)
Marte	(Se levanta y habla con voz atronadora e iracunda.)

43

¡No, por mi lanza! ¡No! ¡Jamás! Mientras una gota de sangre inmortal aliente en mis venas, Cervantes no triunfará. ¿Cómo permitir que el libro que echa al suelo mi gloria y ridiculiza mis hazañas se alce victorioso? Júpiter; yo te ayudé en otro tiempo: atiende, pues, ahora a mis razones.

Juno   (Exaltada.)
¿Oyes, justiciero JOVE, las razones del valeroso Marte, tan sensato como esforzado? La luz y la verdad campean en sus palabras. ¿Cómo, pues, dejaremos que el hombre, cuya gloria el tiempo respetó (y que lo diga Saturno), se vea pospuesto a ese advenedizo y manco, sarcasmo de la sociedad?

Marte   Y si tú, padre de los dioses y de los hombres, dudas de la fuerza de mis razonamientos, pregunta a esos otros, si hay algo que se atreve a sostener los suyos con su brazo.
                    (Se adelanta arrogante al medio, desafiando a todos con su mirada y blandiendo su acero.)

Minerva   (Con rostro altanero y mirada reluciente, da un paso y exclama con voz tranquila:)
                    Temerario Marte; que te olvidas de los campos troyanos do fuiste herido por un simple mortal: si tus razones se fundan en tu espada, las mías no temerán combatirte en tu terreno. Pero para que no se me tache de imprudente, quiero demostrarte que te equivocas mucho. Cervantes siguió tus banderas, y te sirvió heroicamente en las aguas de Lepanto, donde su vida perdiera, si el Destino no le dedicase a un fin más grande. Si tiró la espada para coger la pluma, fue por la voluntad de los inmortales, y no por despreciarte, como tal vez te lo

44

has imaginado en tu loco desvarío. (Y mas blandamente añade:) No seas, pues, ingrato, tú, cuyo magnánimo corazón es inaccesible al rencor y odiosas pasiones. Puso en ridículo la caballería; porque no era ya conveniente a su siglo; además, no son esas las luchas que a ti te honran, sino las batallas campales; tú lo sabes bien. Estas son mis razones, y si no te convencen, acepto tu reto.

(Dijo, y cual suele caliginosa nube, cargada de rayos, acercarse a otra en medio del Océano cuando el cielo se encapota, así Minerva camina lentamente, embrazando su formidable escudo y enristrando la lanza, mensajera terrible de la destrucción. Tranquila es su mirada, pero aterradora: su voz tiene un sonido que infunde pavor.)

Belona	(Se pone al lado del iracundo Marte, dispuesto a ayudarle.)
Apolo	(Al ver la actitud de Belona, suelta la lira, coge el arco, arranca de la dorada aljaba una flecha, y colocándose al lado de Minerva, tiende el arco, dispuesto a disparar)
	(El Olimpo, próximo a desplomarse, se estremece, la luz del día se oscurece, y los dioses tiemblan).
Júpiter	(Enojado blande un rayo y grita):

¡A vuestros asientos, Minerva, Apolo: y vosotros, Marte y Belona! ¡No irritéis mi cólera celeste!
(Cual suelen las carniceras y terribles fieras, encerradas en jaula de hierro, obedecer sumisas a la voz del esforzado domador, así aquellos dioses ocupan respectivamente sus puestos, amedrentados por la amenaza del hijo de Cibeles, quien, al ver su obediencia, más blandamente añade):

Yo terminaré la contienda: la Justicia pesará los libros con su recta imparcialidad, y lo que ella diga, se seguirá en el mundo, mientras que vosotros acataréis su inmutable fallo.

Justicia

(Desciende de su asiento, se coloca en medio del concurso, sosteniendo su siempre imparcial balanza; mientras que Mercurio coloca en los platillos la Eneida y al Quijote. Después de oscilar por mucho tiempo la aguja marcará al fin el medio, declarando que eran iguales.

Venus se asombra, pero calla.

Mercurio quita del platillo la Eneida, sustituyéndola con la Ilíada.

Una sonrisa se dibuja en los labios de Juno, sonrisa que se disipa rápidamente cuando ve subir y bajar a los dos platillos donde el Quijote y la Ilíada están.

Suspensos están los ánimos: ninguno habla, ninguno respira.

Se ve volar un Céfiro que inmediatamente se posa en la rama de un árbol, para aguardar también la decisión del Destino.

(Al fin ambos platillos se detienen a una misma altura, y allí permanecen fijos).

Júpiter

(Con voz solemne.)
Dioses y diosas: la Justicia los cree iguales; doblad, pues, la frente, y demos a Homero la trompa, a Virgilio la lira y a Cervantes el lauro; mientras que la FAMA publi-

cará por el mundo la sentencia del Destino, y el cantor Apolo entonará un himno al nuevo astro, que desde hoy brillará en el cielo de la gloria y ocupará un asiento en el templo de la inmortalidad.

Apolo
(Pulsa la lira a cuyo sonido se ilumina el Olimpo, entona el himno de gloria que resuena majestuoso en todo el coliseo.)

«¡Salve, oh, tú, el más grande de los hombres, hijo predilecto de las Musas, foco de intensa luz que alumbrará a los mundos; salve! Loor a tu nombre, hermosa lumbrera, en cuyo derredor girarán en lo futuro mil inteligencias, admiradoras de tu gloria! ¡Salve, grandiosa obra de la mano del Potente, orgullo de las Españas; flor la más hermosa que ciñe mis sienes, yo te saludo! ¡Tú eclipsarás las glorias de la antigüedad; tu nombre escrito en letras de oro en el templo de la Inmortalidad, será la desesperación de los demás ingenios! ¡Gigante poderoso, serás invencible! Colocado como soberbio monumento en medio de tu siglo, todas las miradas se encontrarán en ti. Tu brazo poderoso vencerá a tus enemigos, cual voraz incendio consume la seca pajilla. ¡Id, inspiradas Musas, y cogiendo del oloroso mirto, laurel bello y rosas purpurinas, tejed en honor de Cervantes inmortales coronas! Pan, y vosotros, Silenos, FAUNOS y alegres Sátiros, danzad en la alfombra de los umbrosos bosques, en tanto que las Nereidas, las Náyades, las bulliciosas Ondinas y juguetonas Ninfas, esparciendo mil aromosas flores, embellecerán con sus cantos la soledad de los mares, las lagunas, las cascadas y los ríos, y agitarán la clara superficie de las fuentes en sus variados juegos.»

(Se ponen a danzar las musas, las ninfas, las náyades, etc. y también Baco, Momo, Sileno y Ganímedes, siendo la principal bailarina la musa Terpsícore. Apolo y Erato tocan la lira, Euterpe la flauta, Clío, la trompeta y Calíope el clarín. Entretanto los dioses y las diosas se ponen a ambos lados del escenario y sus tronos y asientos son transportados también a un lado; se toca la marcha filipina. Se abre un segundo telón, se verá aparecer en el fondo, iluminado fantásticamente, un busto de Cervantes, a cuyo lado izquierdo se halla una estatua de cuerpo entero de Rizal, coronándolo. Será sustituida, entonces, la marcha nacional filipina con la marcha real española.)

TELÓN.

Selección de poemas

Mi último adiós

¡Adiós, Patria adorada, región del Sol querida,
Perla del Mar de Oriente, nuestro perdido Edén!
A darte voy alegre la triste mustia vida,
Y fuera más brillante, más fresca, más fresca, más florida,
También por ti la diera, la diera por tu bien.
En campos de batalla, luchando con delirio
Otros te dan sus vidas sin dudas, sin pesar
El sitio nada importa, ciprés, laurel o lirio,
Cadalso o campo abierto, combate o cruel martirio,
Lo mismo es si lo piden la Patria y el hogar.
Yo muero cuando veo que el cielo se colora
Y al fin anuncia el día tras lóbrego capuz,
Si grana necesitas para teñir tu aurora,
Vierte la sangre mía, derrámala en buen hora
Y dórela un reflejo de su naciente luz
Mis sueños cuando apenas muchacho adolescente,
Mis sueños cuando joven ya lleno de vigor,
Fueron el verte un día, joya del Mar de Oriente
Secos los negros ojos, alta la tersa frente,
Sin ceño, sin arrugas, sin manchas de rubor.
¡Ensueño de mi vida, ardiente vivo anhelo,
Salud te grita el alma que pronto va a partir!
Salud ¡ah qué es hermoso caer por darte vuelo!,
Morir por darte vida, morir bajo tu cielo,
Y en tu encantada tierra la eternidad dormir.
Si sobre mi sepulcro vieres brotar un día
Entre la espesa y yerba sencilla, humilde flor.
Acércala a tus labios y besa al alma mía,
Y sienta yo en mi frente bajo la tumba fría
De tu ternura el soplo, de tu hálito el calor.
Deja a la Luna verme con luz tranquila y suave;

Deja que el alba envíe su resplandor fugaz,
Deja gemir al viento con su murmullo grave,
Y si desciende y posa sobre mi cruz un ave
Deja que el ave entone su cántico de paz.
Deja que el Sol ardiendo las lluvias evapore
Y al cielo tornen puras con mi clamor en pos,
Deja que un ser amigo mi fin temprano llore
Y en las serenas tardes cuando por mí alguien ore
¡Ora también, oh Patria, por mi descanso a Dios!
Ora por todos cuantos murieron sin ventura,
Por cuantos padecieron tormentos sin igual,
Por nuestras pobres madres que gimen su amargura;
Por huérfanos y viudas, por presos en tortura
Y ora por ti que veas tu redención final.
Y cuando en noche oscura se envuelva el cementerio
Y solos solo muertos queden velando allí,
No turbes su reposo, no turbes el misterio
Tal vez acordes oigas de cítara o salterio,
Soy yo, querida Patria, yo que te canto a ti.
Y cuando ya mi tumba de todos olvidada
No tenga cruz ni piedra que marquen su lugar,
Deja que la are el hombre, la esparza con la azada,
Y mis cenizas antes que vuelvan a la nada,
El polvo de tu alfombra que vayan a formar.
Entonces nada importa me pongas en olvido,
Tu atmósfera, tu espacio, tus valles cruzaré,
Vibrante y limpia nota seré para tu oído,
Aroma, luz, colores, rumor, canto gemido
Constante repitiendo la esencia de mi fe.
Mi Patria idolatrada dolor de mis dolores,
Querida Filipinas, oye el postrer adiós.
Ahí, te dejo todo, mis padres, mis amores.
Voy donde no hay esclavos, verdugos ni opresores,
Donde la fe no mata, donde el que reina es Dios.

Adiós, padres y hermanos, trozos del alma mía;
Amigos de la infancia en el perdido hogar,
Dad gracias que descanso del fatigoso día.
¡Adiós, dulce extranjera, mi amiga, mi alegría!
Adiós, queridos seres. Morir es descansar.

Mi primera inspiración

¿Del cáliz dulces olores
Las embalsamadas flores
En este festivo día?

¿Se oye dulce melodía
Que asemeja la armonía
De la arpada Filomena?

¿Las aves, al son del viento,
Exhalan meloso acento
Y saltan de rama en rama?

¿Y la fuente cristalina,
Formando dulce murmullo,
Del céfiro al suave arrullo
Entre las flores camina?

Es que hoy celebran tu día
¡Oh, mi Madre cariñosa!
Con su perfume la rosa
Y el ave con su armonía.

Y la fuente rumorosa,
En este día feliz,
Con su murmullo te dice:
¡Que vivas siempre gozosa!

Y, de esa fuente al rumor,
Oye la primera nota,
Que ahora de mi laúd brota
Al impulso de mi amor!

Mi retiro

Cabe anchurosa playa de fina y suave arena
Y al pie de una montaña cubierta de verdor
Planté mi choza humilde bajo arboleda amena,
Buscando de los bosques en la quietud serena
Reposo a mi cerebro, silencio a mi dolor.

Su techo es frágil su suelo débil cana,
Sus vigas y columnas maderas sin labrar;
Nada vale, por cierto, mi rústica cabaña;
Mas duerme en el regazo de la eterna montaña,
Y la canta y la arrulla noche y días el mar.

Un afluente arroyuelo, que de la selva umbría
Desciende entre peñascos, la baña con amor,
Y un chorro le regala por tosca cañería
Que en la cálida noche es canto y melodía
Y néctar cristalino del día en el calor.

Si el cielo está sereno, mansa corre la fuente,
Su cítara invisible tañendo sin cesar;
Pero vienen las lluvias, e impetuoso torrente
Peñas y abismos salta, ronco, espumante, hirviente,
Y se arroja rugiendo frenético hacia el mar.

Del perro los ladridos, de las aves trino
Del kalao la voz ronca solas se oyen allí,
No hay hombre vanidoso ni importuno vecino
Que se imponga a mi mente, ni estorbo mi camino;
Solo tengo las selvas y el mar cerca de mí.

¡El mar, el mar es todo! su masa soberana
Los átomos me trae de mundos que lejos son;

Me alienta su sonrisa de límpida mañana,
Y cuando por la tarde mi fe resulta vana
Encuentra en sus tristezas un eco el corazón.

¡De noche es un arcano!... su diáfano elemento
Se cubre de millares, y millares de luz;
La brisa vaga fresca, reluce el firmamento,
Las olas en suspiros cuentan al manso viento
Historias que se pierden del tiempo en el capiz.

Dizque cuentan del mundo la primera alborada,
Del Sol el primer beso que su seno encendió,
Cuando miles de seres surgieron de la nada,
Y el abismo poblaron y la cima encumbrada
Y doquiera su beso fecundante estampó.

Mas cuando en noche oscura los vientos enfurecen
Y las inquietas alas comienzan a agitar,
Cruzan en aire gritos que el ánimo estremecen,
Coros, voces que rezan, lamentos que parecen
Exhalar los que un tiempo se hundieron en el mar.

Entonces repercuten los montes de la altura,
Los árboles se agitan de confín a confín;
Aúllan los ganados, retumba la espesura,
Sus espíritus dicen que van a la llanura
Llamadas por los muertos a fúnebre festín.

Silva, silva la noche, confusa, aterradora;
Verdes, azules llamas en el mar vense arder;
Mas la calma renace con la próxima aurora
Y pronto una atrevida barquilla pescadora
Las fatigadas alas comienza a recorrer.

Así pasan los días en mi oscuro retiro,
Desterrado del mundo donde tiempo viví,
De mi rara fortuna la providencia admiro:
Guijarro abandonado que al musgo solo aspiro
Para ocultar a todos el mundo que tengo en mí!

Vivo con los recuerdos de los que yo he amado
Y oigo de vez en cuando sus nombres pronunciar:
Unos están ya muertos, otros me han abandonado;

¿Mas qué importa?... Yo vivo pensando en lo pasado
Y lo pasado nadie me puede arrebatar.

Él es mi fiel amigo que nunca me desdora
Que siempre alienta el alma cuando triste la ve,
Que en mis noches de insomnio conmigo vela y ora
Conmigo, y en mi destierro y en mi cabaña mora,
Y cuando todos dudan solo él me infunde fe.

Yo la tengo, y yo espero que ha de brillar un día
En que venza la idea a la fuerza brutal,
Que después de la lucha y la lente agonía,
Otra voz más sonora y más feliz que la mía
Sabrá cantar entonces el cántico triunfal.

Veo brillar el cielo tan puro y refulgente
Como cuando forjaba mi primera ilusión,
El mismo soplo siento besar mi mustia frente,
El mismo que encendía mi entusiasmo ferviente
Y hacía hervir la sangre del joven corazón.

¡Yo respiro la brisa que acaso haya pasado
Por los campos y ríos de mi pueblo natal;
Acaso me devuelva lo que antes le he confiado

Los besos y suspiros de un ser idolatrado,
Las dulces confidencias de un amor virginal!

Al ver la misma Luna, cual antes argentada,
La antigua melancolía siento en mi renacer;
Despiertan mil recuerdos de amor y fe jurada...
Un patio, una azotea, la playa, una enramada,
Silencios y suspiros, rubores de placer...

Mariposa sedienta de la luz y de colores,
Sonando en otros cielos y en más vasto pensil,
Dejé, joven apenas, mi patria y mis amores,
Y errante por doquiera sin dudas, sin temores,
Gasté en tierras extrañas de mi vida de abril.

Y después, cuando quise, golondrina causada,
Al nido de mis padres y de mi amor volver,
Rugió fiera de pronto violenta turbonada:
Vense rotas mis alas, desecha la morada,
La fe vendida a otros y ruinas por doquier.

Lanzado a una pana de la patria que adora,
El porvenir destruido, sin hogar, sin salud,
De toda mi existencia el único tesoro,
Creencias de una sana, sincera juventud.

Ya no sois como antes, llenas de fuego y vida
Brindando mil coronas a la inmortalidad;
Algo serias os hallo; mas nuestra faz querida
Si ya es tan sincera, si está descolorida
En cambio lleva el sello de la fidelidad.

Me ofrecéis, ¡oh ilusiones! la copa del consuelo,
Y mis jóvenes años a despertar venís:

Gracias a ti, tormenta; gracias, vientos del cielo,
Que a buena hora supisteis cortar mi incierto vuelo,
Para abatirme al suelo de mi natal país.

Cabe anchurosa playa de fina y suave arena
Y al pie de una montaña cubierta de verdor,
Hallé en mi patria asilo bajo arboleda amena,
Y en sus umbrosos bosques, tranquilidad serena,
Reposo a mi cerebro, silencio a mi dolor.

Canto del viajero

Hoja seca que cuela indecisa
Y arrebata violento turbión,
Así vive en la tierra el viajero,
Sin norte, sin alma, sin patria ni amor.

Busca ansioso doquiera la dicha
Y la dicha se aleja fugaz:
¡Vana sombra que burla su anhelo!...
¡Por ella el viajero se lanza a la mar!

Impelido por mano invisible
Vagara confín en confín;
Los recuerdos le harán compañía
De seres queridos, de un día feliz.

Una tumba quizá en el desierto
Hallará, dulce asilo de paz,
De su patria y del mundo olvidado...
¡Descanse tranquilo, tras tanto penar!

Y le envidian al triste viajero
Cuando cruza la tierra veloz...
¡Ay, no saben que dentro del alma
Existe un vacío de falta el amor!

Volverá el peregrino a su patria
Y a sus lares tal vez volverá,
Y hallará por doquier nieve y ruina
Amores perdidos, sepulcros, no más.

Ve, viajero, prosigue tu senda,
Extranjero en tu propio país;

Deja a otros que canten amores,
Los otros que gocen; tú vuelve a partir.

Ve, viajero, no vuelvas el rostro,
Que no hay llanto que siga al adiós;
Ve, viajero, y ahoga tu penas;
Que el mundo se burla de ajeno dolor.

Canto de María Clara

Dulces las horas en la propia patria
Donde es amigo cuanto alumbra el Sol,
Vida es la brisa en sus campos vuela,
¡Grata la muerte y más tierno el amor!
Ardientes besos en los labios juegan,
De una madre en el seno al despertar,
Buscan los brazos a ceñir al cuello,
Y los ojos sonríense al mirar.
¡Dulce es la muerte por la propia patria,
Donde es amigo cuanto alumbra el Sol;
Muerte es la brisa para quien no tiene
Una patria, una madre y un amor!

Me piden versos

¡Piden que pulse la lira
Ha tiempo callada y rota:
Si ya no arranco una nota
Ni mi musa ya me inspira!
Balbucea fría y delira
Si la tortura mi mente;
Cuando ríe solo miente;
Como miente su lamento:
Y es que en mi triste aislamiento
Mi alma ni goza ni siente.

Hubo un tiempo... ¡y es verdad!
Pero ya aquel tiempo huyó,
En que vate me llamó
La indulgencia a la amistad.
Ahora de aquella edad
El recuerdo apenas resta
Como quedan de una fiesta
Los misteriosos sonidos
Que retienen los oídos
Del bullicio de la orquesta.

Soy planta apenas crecida
Arrancada del Oriente,
Donde es perfume el ambiente,
Donde es un sueño la vida:
¡Patria que jamás se olvida!
Enseñáronme a cantar
Las aves, con su trinar;
Con su rumor, las cascadas;
Y en sus playas dilatadas,
Los murmullos de la mar.

Mientras en la infancia mía
Pude a su Sol sonreír,
Dentro de mi pecho hervir
Volcán de fuego sentía;
Vate fui, porque quería
Con mis versos, con mi aliento,
Decir al rápido viento:
¡Vuela; su fama pregona!
¡Cántala de zona en zona;
De la tierra al firmamento!

La dejé... mis patrios lares.
¡Árbol despojado y seco!
Ya no repiten el eco
De mis pasados cantares
Yo crucé los vastos mares
Ansiando cambiar de suerte,
Y mi locura no advierte
Que en vez del bien que buscaba,
El mar conmigo surcaba
El espectro de la muerte.

Toda mi hermosa ilusión,
Amor, entusiasmo, anhelo,
Allá quedan bajo el cielo
De tan florida región:
No pidáis al corazón
Cantos de amor, que está yerto;
Porque en medio del desierto
Donde discurro sin calma,
Siento que agoniza el alma
Y mi numen está muerto.

A las flores de Heidelberg

¡Id a mi patria, id, extranjeras flores,
Sembradas del viajero en el camino,
Y bajo su azul cielo,
Que guarda mis amores,
Contad del peregrino
La fe que alienta por su patrio suelo!
Id y decid... decid que cuando el alba
Vuestro cáliz abrió por vez primera
Cabe el Neckar helado,
Le visteis silencioso a vuestro lado
Pensando en su constante primavera.
¡Decid que cuando el alba,
Que roba vuestro aroma,
Cantos de amor jugando os susurraba,
Él también murmuraba
Cantos de amor en su natal idioma;
Que cuando el Sol la cumbre
Del Koenigsthul en la mañana dora
Y con su tibia lumbre
Anima el valle, el bosque y la espesura,
Saluda a ese Sol aún en su aurora,
Al que en su patria en el cenit fulgura!
Y contad aquel día
Cuando os cogía al borde del sendero,
Entre ruinas del feudal castillo,
Orilla al Neckar, o a la selva umbría.
Contad lo que os decía,
Cuando, con gran cuidado
Entre las páginas de un libro usado
Vuestras flexibles hojas oprimía.

¡Llevad, llevad, oh flores!

Amor a mis amores
Paz a mi país y a su fecunda tierra,
Fe a sus hombres, virtud a sus mujeres,
Salud a dulces seres
Que el paternal, sagrado hogar encierra...

Cuando toquéis la playa,
El beso os imprimo
Depositadlo en ala de la brisa,
Por que con ella vaya
Y bese cuanto adoro, amo y estimo.

Mas, ay, llegaréis flores,
Conservaréis quizás vuestras colores,
Pero lejos del patrio, heroico suelo
A quien debéis la vida:
Que aroma es alma, y no abandona el cielo,
Cuya luz viera en su nacer, ni olvida.

A la juventud filipina

¡Alza su tersa frente,
Juventud Filipina, en este día!
¡Luce resplandeciente
Tu rica gallardía,
Bella esperanza de la Patria Mía!

Vuela, genio grandioso,
Y les infunde noble pensamiento,
Que lance vigoroso,
Más rápido que el viento,
Su mente virgen al glorioso asiento.

Baja con la luz grata
De las artes y ciencias a la arena,
Juventud, y desata
La pesada cadena
Que tu genio poético encadena.

Ve que en la ardiente zona
Do moraron las sombras, el hispano
Esplendente corona,
Con pía sabia mano,
Ofrece al hijo de este suelo indiano.

Tú, que buscando subes,
En alas de tu rica fantasía,
Del Olimpo en las nubes
Tiernísima poesía
Más sabrosa que néctar y ambrosía.

Tú, de celeste acento,
Melodioso rival Filomena,

Que en variado concierto
En la noche serena
Disipas del mortal la amarga pena.

Tú que la pena dura
Animas al impulso de tu mente,
Y la memoria pura
Del genio refulgente
Eternizas con genio prepotente.

Y tú, que el vario encanto
De Febo, amado del divino Apeles,
Y de natura el manto
Con mágicos pinceles
Trasladar al sencillo lienzo sueles.

¡Corred! que sacra llama
Del genio el lauro coronar espera,
Esparciendo la Fama
Con trompa pregonera
El nombre del mortal por la ancha espera.

¡Día, día felice,
Filipinas gentil, para tu suelo!
Al Potente bendice
Que con amante anhelo
La ventura te envía y el consuelo.

Por la Educación (Recibe lustre la patria)

La sabia educación, vital aliento
Infunde una virtud encantadora;
Ella eleva la Patria al alto asiento
De la gloria inmortal, deslumbradora,
Y cual de fresca brisa al soplo lento
Reverdece el matiz de flor ocra:
Tal la educación al ser humano
Buenhechora engrandece con larga mano.

Por ella sacrifica su existencia
El mortal y el plácido reposo;
Por ella nacer vense el arte y la ciencia
Que ciñen al humano lauro hermoso:
Y cual del alto monte en la eminencia
Brota el puro raudal de arroyo undoso;
Así la educación da sin mesura
A la patria do mora paz segura.

Do sabia educación trono levanta
Lozana juventud robusta crece
Que subyuga el error con firme planta
Y con nobles ideas se engrandece:
Del vicio la cerviz ella quebranta;
Negro crimen ante ella palidece:
Ella domina bárbaras naciones,
Y de salvajes hace campeones.

Y cual el manantial que alimentando
Las plantas, los arbustos de la vega,
Su plácido caudal va derramando,
Y con bondoso afán constante riega
Las riberas do vase deslizando,

Y a la bella natura nada niega:
Tal al que sabia educación procura
Del honor se levanta hasta la lectura.

De sus labios la aguas cristalinas
De célica virtud sin cesar brotan,
Y de su fe las próvidas doctrinas
Del mal las fuerzas débiles agotan,
Que se estrellan cual olas blanquecinas
Que la playas inmóviles azotan:
Y aprenden con su ejemplo loas mortales
A trepar por las sendas celestiales.

En el pecho de míseros humanos
Ella enciende del bien la viva llama;
Al fiero criminal ata las manos,
Y el consuelo en los pechos fiel derrama.
Que buscan sus benéficos arcanos;
Y en el amor de bien su pecho inflama:
Y es la educación noble y cumplida
El bálsamo seguro de la vida.

Y cual peñón que elevase altanero
En medio da las ondas borrascosas
Al bramar del huracán y noto fiero,
Desprecia su furor y olas furiosas,
Que fatigadas del horror primero
Se retiran en calma temerosas;
Tal es el que sabia educación dirige
Las riendas de la patria invicto rige.

En zafiros estállense los hechos;
Tribútele la patria mil honores;
Pues de sus hijos en los nobles pechos

Transplantó la virtud lozanas flores;
Y en el amor del bien siempre deshechos
Verán las gobernantes y señores
Al noble pueblo que con fiel ventura
Cristiana educación siempre procura.

Y cual de rubio Sol de la mañana
Vierten oro los rayos esplendentes,
Y cual la bella aurora de oro y grana
Esparce sus colores refulgentes;
Tal noche instrucción, ofrece ufana
De virtud el placer a los vivientes,
Y ella a nuestra cara patria ilustre
Inmortal esplendor y ilustre.

Libros a la carta

A la carta es un servicio especializado para
empresas,
librerías,
bibliotecas,
editoriales
y centros de enseñanza;
y permite confeccionar libros que, por su formato y concepción, sirven a los propósitos más específicos de estas instituciones.

Las empresas nos encargan ediciones personalizadas para marketing editorial o para regalos institucionales. Y los interesados solicitan, a título personal, ediciones antiguas, o no disponibles en el mercado; y las acompañan con notas y comentarios críticos.

Las ediciones tienen como apoyo un libro de estilo con todo tipo de referencias sobre los criterios de tratamiento tipográfico aplicados a nuestros libros que puede ser consultado en Linkgua-ediciones.com.

Linkgua edita por encargo diferentes versiones de una misma obra con distintos tratamientos ortotipográficos (actualizaciones de carácter divulgativo de un clásico, o versiones estrictamente fieles a la edición original de referencia).

Este servicio de ediciones a la carta le permitirá, si usted se dedica a la enseñanza, tener una forma de hacer pública su interpretación de un texto y, sobre una versión digitalizada «base», usted podrá introducir interpretaciones del texto fuente. Es un tópico que los profesores denuncien en clase los desmanes de una edición, o vayan comentando errores de interpretación de un texto y esta es una solución útil a esa necesidad del mundo académico.

Asimismo publicamos de manera sistemática, en un mismo catálogo, tesis doctorales y actas de congresos académicos, que son distribuidas a través de nuestra Web.

El servicio de «libros a la carta» funciona de dos formas.

1. Tenemos un fondo de libros digitalizados que usted puede personalizar en tiradas de al menos cinco ejemplares. Estas personalizaciones pueden ser de todo tipo: añadir notas de clase para uso de un grupo de estudiantes, introducir logos corporativos para uso con fines de marketing empresarial, etc. etc.

2. Buscamos libros descatalogados de otras editoriales y los reeditamos en tiradas cortas a petición de un cliente.